Prix : 15 centimes.

CONFIANCE EN DIEU ET COURAGE.

AU PAUVRE ET A L'OUVRIER.

PAR H. BOUCHITTÉ,

Inspecteur honoraire de l'Université,
Traducteur des Ouvrages de Saint Anselme de Cantorbéry sur l'Essence Divine,
Auteur de plusieurs Essais sur les Preuves de l'Existence de Dieu, et sur
l'Immortalité de l'Ame.

PARIS,

DEZOBRY, MAGDELEINE ET C.ie, | AMYOT,
Rue des Maçons-Sorbonne, 1. | Rue de la Paix, 6.

1849

CONFIANCE EN DIEU ET COURAGE.

AU PAUVRE ET A L'OUVRIER.

Ce n'est point par des paroles trompeuses que les hommes doivent mutuellement s'entretenir de leurs intérêts les plus chers. Il appartient aux plus éclairés d'aider les autres à se faire une juste idée des moyens par lesquels ils peuvent atteindre au bonheur toujours limité qu'il nous est permis d'espérer sur la terre, à se former au courage avec lequel ils doivent supporter les malheurs inévitables attachés à notre condition. Faire espérer à l'homme un bonheur chimérique, promettre au pauvre l'impossible, est une action criminelle. Si la sincérité du langage amène avec elle la sévérité des conseils, il faut savoir obéir à cette nécessité, et l'homme de bien ne doit pas reculer devant le devoir d'enseigner la vérité. C'est cette conviction qui nous a guidés dans le choix du sujet que nous allons développer.

La disposition la plus nécessaire à l'homme pendant le cours de sa vie, dans toutes les classes de la société, c'est la confiance en Dieu, c'est la résignation à sa volonté. Elle s'applique, en effet, à toutes les douleurs que nous pouvons avoir à souffrir. Si elle est bonne pour le pauvre, auquel elle rend plus léger le fardeau de sa misère, elle ne l'est pas moins pour le riche, car la nature lui fait éprouver, aussi bien qu'à un autre, les plus vives souffrances et les plus cruelles maladies; la mort lui enlève, comme au pauvre et au malheureux, femme, enfants, parents, amis, etc... Nous avons donc tous besoin de résignation, nous devons donc nous y exhorter les uns les autres, nous devons nous donner les uns aux autres l'exemple de cette vertu.

Mais ceux qu'il a plu à la Providence de placer dans une position telle, que leur travail ou leur propriété leur assure le nécessaire, ne doivent point oublier que le sort du pauvre est plus cruel que le leur; car la pauvreté n'exempte ni de la maladie, ni des douleurs physiques, ni des peines du cœur; elle les aggrave, au contraire, puisqu'elle éloigne du malheureux une partie des moyens de guérison, quelquefois les plus efficaces, puisqu'elle blesse sa susceptibilité en le réduisant à demander à la charité publique, aux hôpitaux, aux établissements de secours, le soulagement qu'il ne peut se procurer lui-même; puisqu'elle éloigne de lui, dans les peines dont son cœur est déchiré, les distractions même les plus innocentes, et remet sans cesse devant ses yeux le souvenir et l'image de son malheur.

§ I.er. — *La Résignation et le Courage sont nécessaires à tous les Hommes.*

Nous pourrions faire suivre ces réflexions de bien des tableaux pénibles, capables d'émouvoir la pitié ; nous pourrions les mieux faire comprendre en rappelant une foule de faits douloureux qui ne sont malheureusement que trop réels... Le pauvre, auquel nous adressons ce petit écrit, en sait encore plus que nous sur cette triste vérité ; mais comme nous nous proposons avant toute autre chose de relever son énergie et sa confiance, nous n'insisterons pas sur des détails affligeants, sur des détails capables d'attrister son cœur et de le décourager. Qu'il sache seulement, par le peu de mots que nous venons de dire, que celui qui trace ces lignes connaît ses maux, y prend part, et n'en affaiblira jamais le tableau ; que jamais une coupable complaisance ne le décidera à dissimuler la vérité pour calmer les inquiétudes de personnes généreuses qui voudraient voir tous les maux soulagés, mais dont l'ame trop faible aime mieux détourner la vue de misères qu'elles plaignent, et auxquelles elles croient ne pouvoir porter remède.

Il ne faudrait pas non plus que le pauvre, en nous entendant nous exprimer ainsi sur les malheurs qui l'affligent, se hâtât de croire que seul il a besoin de confiance en Dieu, de résignation ; et que ses maux sont tellement au-dessus des maux des autres, que les maux des autres ne sont rien devant les siens. Nous allons tâcher de lui faire bien saisir notre véritable pensée; qu'il sache bien que c'est celle d'un ami. Qu'il veuille donc bien nous suivre dans l'examen que nous allons faire de quelques positions autres que la sienne, mais qui sont également douloureuses.

Parmi les causes qui rendent si fréquentes dans la vie la gêne et la misère, il faut compter la faiblesse des ressources pour bien moins que la disproportion de ces ressources avec les besoins. Un ouvrier et sa femme qui n'ont qu'un enfant sont bien plus à l'aise avec le même salaire qu'un ménage entouré de bonne heure d'une nombreuse famille; c'est là un fait que tout le monde comprend, et qu'il semble inutile de rappeler. Ceci étant reconnu vrai, étant évident pour tous, rendons-nous bien compte, et sur-tout rendons-nous compte sans injustice et sans envie, de certaines positions parmi celles qui paraissent heureuses.

Certainement la condition la plus désirée, celle à laquelle tous les hommes laborieux tâchent de parvenir à l'aide de leur travail, de leurs efforts, des privations qu'ils s'imposent, c'est celle de propriétaires, parce qu'ils espèrent y trouver un repos plus sûr pour l'avenir. De là le grand nombre de propriétaires. Ce nombre s'est beaucoup accru en effet en France depuis la première révolution, et tend encore à s'accroître, par suite des dispositions introduites alors dans la loi. Mais parmi eux il y en a beaucoup plus de petits que de grands. Or, parmi les petits, combien s'en trouve-t-il dont la propriété fournisse un revenu assez considérable pour suffire à leurs besoins? peu certainement. Il est donc nécessaire qu'ils y ajoutent encore le fruit de leur travail, qu'ils cultivent eux-mêmes leur terre pour n'avoir pas à payer un fermier, ce qui se voit sur-tout dans les campagnes; ou, ce qui arrive ordinairement dans les villes, qu'ils exercent un autre état dont ils ajoutent le produit à celui de leur petit bien. Ces propriétaires mal-aisés sont donc en bien plus grand nombre que les autres; et il faut reconnaître, qu'attendant du fruit de leur travail et des produits de leur terre les moyens de vivre, leurs ressources dépendent des circonstances comme celles de l'ouvrier, et qu'ils peuvent être réduits à la misère le jour où l'inquiétude, suspendant l'industrie et le commerce, les prive à la fois de travail dans leur état et de rentrée de leurs locations ou de leurs fermages. Restent donc les propriétaires aisés et les grands propriétaires auxquels leur fortune suffit pour vivre, sans y ajouter l'exercice d'un état quelconque, du moins dans les temps ordinaires, car on ne peut affirmer la même chose dans les temps de trouble et de révolution. Ceux-là, sans doute, ne sont pas exempts de peines, car elles acompagnent l'homme partout, même au sein de la fortune; il faut cependant reconnaître que, s'ils ont aussi l'occasion d'exercer la vertu de la résignation, il leur arrive de se trouver dans cette nécessité moins souvent qu'au pauvre, que l'incertitude de ses moyens d'existence menace à tout instant de la misère et du besoin. Mais cette classe d'hommes est peu nombreuse, et, s'il nous était possible d'entrer dans les détails de la vie de chaque famille en particulier, nous verrions que la plus grande fortune, comme la plus modeste aisance, porte souvent avec elle de cruelles compensations.

Une autre classe, dont le prétendu bonheur n'est pas moins l'objet de l'envie parmi nous, est celle des employés du gouvernement. Il semble, à entendre les injustes attaques dont ils sont l'objet, que l'État leur assure à tous un sort des plus prospères. Rien n'est moins fondé que cette idée. La France est un des pays de l'Europe où les fonctionnaires sont le plus faiblement rétribués. Dans la marine, dans l'armée de terre, dans la magistrature, dans la diplomatie, dans les fonctions de préfet et de sous-préfet, il est impossible de servir l'État, et de soutenir son rang avec honneur, si, au traitement que l'on reçoit, on ne joint pas quelque fortune personnelle ; c'est pourquoi ces grands corps se recrutent le plus souvent, non pas dans la classe riche (il n'y a plus en France qu'un petit nombre de véritables riches), mais dans la partie la plus élevée de la classe moyenne, dans laquelle se trouve quelque aisance. Si donc ces personnes jouissent d'une certaine fortune que les charges qu'elles occupent leur rendent indispensable, ce n'est pas le traitement attaché à leur fonctions qui y suffit ; il ne forme pas toujours la plus forte partie de leurs revenus, elles en doivent souvent beaucoup à elles-mêmes ; cela est sur-tout remarquable dans la classe des juges.

Quant à l'administration considérée dans toutes ses branches, intérieur, finances, travaux publics, douanes, eaux et forêts, etc. ; les employés sont partout très faiblement rétribués ; si leur famille se borne à un ou deux enfants, ils sont dans la gêne ; si le nombre en est plus grand, ils sont alors dans une situation bien voisine de la misère. Il ne faut pas se laisser induire en erreur par quelques traitements un peu plus forts que reçoivent les chefs de l'administration, sur-tout dans les villes considérables. Plus forts en apparence, ils sont souvent bien justes, quand on examine les dépenses auxquelles sont obligés les titulaires de ces places. Le reste des employés ne gagnent pas plus qu'un petit commerçant dont les affaires sont en ordre ; beaucoup gagnent moins que de bons ouvriers dans certains états. A cette médiocrité de ressources, souvent à cette gêne, il faut encore ajouter l'inquiétude de perdre sa place qui, dans des temps de trouble sur-tout, se renouvelle à chaque changement de gouvernement. Combien n'avons-nous pas vu, dans ces derniers temps, de malheureux employés, mariés, pères de famille, privés en un instant de la place qui les faisait vivre, sans que ces réformes funestes profitassent à personne, puisqu'elles n'empêchaient pas l'accroissement des impôts. Ces malheureux, sans état autre que leur emploi, avaient consacré leur temps à se rendre capables de l'exercer de leur mieux; il ne leur en était pas resté pour s'entretenir dans un métier qu'ils avaient peut-être appris autrefois, ou pour en apprendre un, dans la crainte d'un malheur qu'il était bien naturel de ne pas prévoir.

Les ouvriers honnêtes, et qui savent ce que c'est que la vraie fraternité, reconnaîtront sans peine que leur situation, toute pénible qu'elle a pu être, est cependant meilleure que celle de ces malheureux; car un emploi perdu ne se retrouve que difficilement, tandis que l'ouvrage peut se présenter d'un jour à l'autre, et que le métier qu'ils savent est une véritable propriété, dont les malheurs publics peuvent suspendre l'usage, mais que rien ne peut leur enlever. Or qui pourrait dire que, dans la situation d'un employé qui perd sa place, la résignation ne soit pas plus nécessaire encore que dans celle de l'ouvrier privé momentanément d'ouvrage?

Rendons-nous compte encore de la situation d'une autre classe de la société, dont les membres, sous le nom de capitalistes, de grands industriels, d'entrepreneurs, de manufacturiers, etc. ont été présentés par des hommes peu éclairés ou peu sincères comme riches d'une richesse à toute épreuve, comme jouissant d'un bonheur que rien ne peut troubler. Quelques réflexions, le moindre appel à l'expérience suffiront pour montrer combien toutes ces suppositions de l'envie couvrent d'idées fausses.

Celui qui est à la tête d'un grand établissement, manufacture, fabrique, exploitation, entreprise quelconque, est obligé d'acheter à grands frais des matières premières, de payer de nombreux ouvriers pour employer ces matières, pour en faire des objets propres à être vendus. Indépendamment de ces dépenses qui se renouvellent sans cesse, il a fallu, avant tout commencement de travail, faire construire, ou faire disposer des bâtiments considérables, et les garnir du matériel d'exploitation nécessaire, tel que machines, outils, etc. Quoique les dépenses de réparation des bâtiments ne se renouvellent pas aussi souvent que la dépense des matières premières et celle du prix des journées, la nécessité de les faire se représente à divers intervalles, et elles sont quelquefois très considérables. D'un autre côté, la vente ne s'effectuant pas toujours de la manière la plus favorable, subissant parfois des interruptions plus ou moins longues selon telles ou telles circonstances qui peuvent même, dans certains moments plus difficiles, être assez malheureuses pour amener des pertes réelles, il s'ensuit que des sommes considérables sont dépensées à tous risques, avant qu'aucun profit ne soit recueilli ou même ne soit assuré. Dans cette situation, pour peu que les commandes se ralentissent, que, sur quelques points les débouchés se ferment, on peut se figurer quelles doivent être les angoisses du fabricant, qui prévoit le moment où il sera réduit à suspendre les travaux de sa fabrique, à se voir ruiné, déshonoré, réduit à l'aumône. Et cependant il n'y a presque pas de manufacturier ou d'entrepreneur, dans la vie desquels cette cruelle situation ne se soit présentée plusieurs fois, et qui n'aient dû qu'à leur courage, et aussi à des circonstances inattendues, d'avoir échappé à de si affreux malheurs. Nous avons ajouté : à des circonstances inattendues, parce qu'il est juste de reconnaître que, bien des fois, des secours sur lesquels des malheureux ne comptaient pas, sont venus prouver que la Providence veille toujours sur ses enfants.

N'est-ce pas là une position bien douloureuse? Elle se rencontre cependant très fréquemment; et si nous interrogions ces ouvriers honnêtes et dévoués, pour lesquels les maîtres, entrepreneurs, manufacturiers ou autres, n'ont pas de secrets, ils nous répondraient sans doute qu'ils ont vu plus d'une fois les patrons dans les angoisses du désespoir.

Nous avons fait ce rapprochement afin de montrer que chacun a ses douleurs, et que, s'il y a des heureux dont le bonheur n'est pas troublé (et cela est fort douteux) ils sont en si petit nombre, qu'il ne serait pas sage de se tracer, d'après cette exception, des règles de conduite. Mais nous sommes loin de méconnaître que la position du pauvre et de l'ouvrier est la plus digne d'intérêt, parce qu'elle est la plus incertaine et la plus pénible, et qu'elle est la plus incertaine, parce que le malheur des autres classes de la société aggrave le malheur de cette classe, attendu qu'à l'instant où le crédit est ébranlé, où les fortunes sont menacées, où de grandes pertes ont lieu sur tous les points, où le trouble est porté dans toutes les positions, même les plus humbles, l'ouvrage cesse, les travaux sont suspendus, et la source à laquelle l'ouvrier puise ses moyens d'existence est immédiatement tarie, sans qu'il y ait au monde une puissance capable de remédier au mal.

La confiance en Dieu et la résignation qui en est la suite sont donc des vertus nécessaires à tous, mais sur-tout à ceux dont les moyens d'existence sont plus incertains, et plus dépendants des circonstances.

§. 2. — *On ne peut remédier en partie aux maux de l'humanité qu'avec du temps et des efforts soutenus.*

Nous savons bien qu'en se laissant aller aux folies de quelques esprits faux de nos jours, on nous demandera si ces misères, dont nous reconnaissons l'existence, ne sont pas le résultat de la manière dont se trouve organisée la société, et si, en la changeant tout entière, on ne parviendrait pas à assurer à chacun une somme de bien-être et de bonheur qui semble ne pouvoir être refusée à personne. Il ne nous est que trop facile de répondre à cette question. Nous serions heureux sans doute que la solution dépendît de nous, qu'elle fût prompte et conforme au désir de tous. Mais il n'en saurait être ainsi ; il y a, dans la marche des affaires du monde, une chose que nous ne devons jamais oublier : cette chose c'est le temps. Il faut bien qu'il en soit ainsi; car les améliorations n'arrivent pas aussi vite qu'on le voudrait; et cependant, qui oserait nier qu'en France, au moment où nous parlons, les esprits les plus éclairés ne cherchent avec ardeur les moyens de procurer au plus grand nombre possible d'hommes, l'éducation qu'ils peuvent recevoir, de leur assurer la satisfaction de leurs besoins, même de les faire participer aux jouissances raisonnables de la vie? Qui pourrait nier encore que la grande majorité de la nation ne favorise les projets de ces bons citoyens, qu'elle ne leur prête chaque jour de plus en plus son appui et sa coopération dans cette œuvre de véritable fraternité ? Pourquoi néanmoins ces améliorations ne sont-elles pas aussi rapides qu'on le voudrait?... Parce qu'on ne peut pas avoir recours au premier procédé venu; il faut que les moyens qu'on emploie soient efficaces, qu'ils soient éprouvés; car, quand on se trompe dans des choses aussi importantes, on devient ordinairement la cause des plus grands malheurs. C'est à cet esprit d'utiles réformes, si actif en ce moment, et dont l'activité, on peut en être sûr, ne fera qu'augmenter encore, que l'on a déjà dû l'amélioration des écoles primaires, la création des salles d'asile, celle des crèches, la meilleure organisation et la multiplication des institutions de bienfaisance. Mais l'esprit de l'homme, même le plus habile, ne déploie toutes ses ressources que successivement, il ne peut ni tout faire à la fois, ni atteindre du premier coup le succès dans ce qu'il a entrepris.

Il lui arrive de faire souvent des essais malheureux, de recommencer plusieurs fois la même chose avant de réussir ; il est obligé de réfléchir long-temps pour ne pas agir légèrement et ne pas prendre de fausses mesures ; et lorsque son plan est fait, il lui faut encore réunir en hommes, en argent, en ressources de toute espèce, les moyens nécessaires pour l'exécuter. Des années se passent quelquefois avant qu'il ait pu se procurer tout cela. Peut-on exiger de lui qu'il fasse en un instant céder tous les obstacles ? Peut-on demander à un chef d'atelier, à un entrepreneur, à un ministre, à une assemblée, à un gouvernement qu'ils suppriment les difficultés et opèrent des miracles ? Il faut au contraire les excuser s'ils ne sont pas aussi prompts à faire le bien qu'ils le voudraient eux-mêmes, les aider quand on le peut, sur-tout ne pas rendre leur tâche plus difficile, ne pas augmenter leurs embarras par des reproches injustes ou par une résistance imprudente, dont le pauvre est toujours la première victime.

Regardons autour de nous, et remarquons que, soit dans les ouvrages de la nature, soit dans ceux de l'homme, tout se fait lentement. Consultons-nous nous-mêmes pour être justes envers les autres. Dans les choses qui nous concernent et qui cependant ne dépendent pas entièrement de nous, comme la santé, le succès dans nos entreprises, dans nos essais, que d'obstacles se présentent, le plus souvent imprévus, et auxquels nous ne pouvons opposer que la patience et l'emploi de moyens

plus ou moins lents, que la prudence et la résignation ?. dans celles même qui semblent dépendre
davantage de nos efforts, ne rencontrons-nous pas
bien des retards involontaires, bien des délais que
nous tâchons en vain d'abréger ?

Ce sont là des faits, des faits incontestables,
auxquels nous savons tous qu'il nous est impossible d'échapper. Ils ont toujours été, ils sont, et,
selon toute apparence, ils seront long-temps encore... Pourquoi les choses sont-elles ainsi ? Pourquoi toutes les tentatives faites par nous pour y
échapper promptement, subitement, ne font-elles
qu'aggraver notre malheur ? Parce que l'état du
monde, parce que l'état de la société, parce que
les positions, dans lesquelles nous nous trouvons
tous, sont ainsi établies par la Providence, dont
la volonté est toute-puissante, et contre laquelle
nous nous révoltons en vain. Sans doute il dépend
de l'homme d'améliorer son sort par son travail et
sa bonne conduite, de conserver sa santé par la
sobriété en toutes choses, de la fortifier par l'exercice, d'éclairer son esprit par l'étude, de rectifier
ses idées par la réflexion, de suivre les bons conseils et de rester sourd aux mauvais; ce sont même
là des devoirs que la Providence veut qu'il rem-
plisse. Mais dépend-il de lui de naître de parents
riches ou de parents pauvres ? d'apporter en nais-
sant une santé robuste ou des dispositions mala-
dives ? d'avoir l'esprit disposé à apprendre une
chose ou à en apprendre une autre ! Dépend-il de
lui de se trouver dans des circonstances favora-

bles pour réussir dans ses entreprises ou d'être contrarié par les événements? de rencontrer des protecteurs dévoués ou des ennemis dangereux?... Non sans doute. Il est donc certain qu'il y a, dans notre vie à tous, bien des choses qui ne dépendent point de nous, contre lesquelles nous sommes impuissants, et auxquelles nous ne pouvons opposer que la patience.

§. 3. — *La situation où nous sommes nous est faite, dans notre véritable intérêt, par la sagesse et l'amour de Dieu.*

Comment se fait-il que l'homme soit soumis à ces tristes nécessités?... Il faut bien le croire, puisque nous le voyons, mais il n'est pas pour cela facile d'en découvrir la raison. Cependant, sans atteindre sur ce point la vérité tout entière, nous pouvons faire quelques réflexions, claires, que l'on saisira sans efforts, d'ailleurs impossibles à nier, qui pourront servir à régler nos sentiments, et à nous inspirer les résolutions les plus raisonnables, dans la situation où nous sommes, situation que nous ne pouvons changer qu'avec du temps et du travail. Ces réflexions nous allons les exposer le plus simplement possible.

Nous sommes tous enfants de Dieu; nous sommes tous, au même titre, les objets de son amour et de sa miséricorde. Sans doute, la distribution des biens et des maux dans cette vie semble nous autoriser à croire qu'il préfère parmi nous les uns aux autres; ces biens ne sont pas toujours partagés selon le mérite ou selon les besoins : on voit souvent un homme riche et sans famille, quelquefois même vicieux, étaler un luxe qu'on remarque avec douleur, à côté d'un père de famille laborieux et honnête dont les faibles ressources ne peuvent suffire aux besoins de ses nombreux enfants.

Il est donc certain que les apparences semblent prouver le contraire de ce que pourtant il est juste que nous croyions. Mais c'est un signe de la supériorité de l'homme sur les animaux de pouvoir juger, malgré les apparences et contre elles, par le secours de la raison. Or c'est ici le cas de l'appliquer, pour nous démontrer à nous-mêmes qu'en ce point les apparences sont trompeuses. Voici comment nous devons raisonner : nous ne doutons pas de l'existence de Dieu, nous savons qu'il est, qu'il a créé toutes choses, qu'il les conserve par la même puissance par laquelle il les a créées. Ces vérités sont connues de tous, et l'homme qui refuserait de les croire, outre qu'il serait très malheureux, paraîtrait encore avec justice privé d'une partie de son intelligence. Mais puisque Dieu existe, il est nécessaire qu'il soit présent partout; car pourquoi serait-il sur un point du monde et non sur un autre? Il faut qu'il soit partout ou qu'il ne soit nulle part, et puisque nous ne pouvons pas même penser qu'il n'est pas, nous sommes bien forcés de croire qu'il est partout. Il est donc nécessairement près de nous à l'instant même où nous l'en croyons le plus éloigné, et comme il ne peut être nulle part sans y être avec toutes ses qualités, parmi lesquelles se trouve son amour pour les êtres dont il le père, il ne peut être auprès de nous sans y être avec son amour pour nous.

Si donc Dieu est toujours près de nous, si rien ne peut altérer l'amour qu'il nous porte, et si cependant, malgré cette présence et cet amour, nous sommes malheureux; nous devons croire qu'il y a quelque raison que nous ignorons par laquelle agit sa sagesse, et qui fait qu'il se comporte de cette manière envers nous. Il ne saurait, sans cesser d'être, penser, désirer, vouloir autre chose que notre plus grand bien, que notre bien le plus durable, c'est-à-dire que notre bien infini et éternel; il veut donc notre bien infini et éternel. Mais en même temps qu'il le veut, il connaît mieux que nous les moyens par lesquels nous pouvons l'acquérir et le mériter. Ce sont ces moyens qu'il nous applique; ils sont quelquefois doux, plus souvent sévères, et nous ne pouvons en connaître et en apprécier l'utilité qu'en commençant par les accepter avec docilité et avec confiance en lui.

Pour nous expliquer d'une manière satisfaisante cette conduite de Dieu, appuyons-nous sur un fait; c'est le moyen d'être sûrs que nous ne nous trompons pas. Pour cela examinons-nous nous-mêmes attentivement, mais sur-tout examinons-nous sincèrement. On ne saurait trop recommander d'être sincère avec soi-même..... A quoi servirait-il de se tromper?..... Nous serions les premières victimes d'une pareille erreur..... Or, en nous examinant, voici ce que nous découvrons.

Parmi nos dispositions morales, les unes sont bonnes, les autres sont mauvaises. Nous sommes bien obligés de convenir qu'il arrive quelquefois que les mauvaises sont plus fortes que les bonnes, et que nous sommes souvent plus disposés à nous laisser aller au mal qu'à faire le bien. Si nous faisons attention, nous remarquerons aussi que les dispositions au mal nous entraînent, tandis que les dispositions au bien n'ont guère que la force d'un bon conseil qui nous laisse souvent bien froids. Nous éprouvons bien qu'il y a en nous un certain sentiment que nous appelons la voix du devoir, qui nous avertit sans cesse de ce que nous devons faire et de ce que nous devons éviter; mais nous ne l'écoutons pas toujours, et nous obéissons de préférence à nos mauvaises dispositions. Sans doute, c'est avec peine que nous cédons, c'est avec regret que nous sentons que nous sommes coupables; nous nous en voulons à nous-mêmes d'être si faibles; néanmoins nous suivons l'impulsion du mal. La raison et la conscience ont beau nous avertir, elles ne parviennent pas toujours à nous communiquer l'énergie nécessaire pour mépriser les séductions du plaisir.

Dans une pareille situation, situation que tout le monde connaît, situation dans laquelle tout le monde se trouve, à quel remède peut-on recourir? Nous le trouverons sans peine, si nous rappelons ce qui se passe dans l'éducation de nos enfants, si nous examinons la manière dont nous-mêmes nous agissons envers eux.

Les parents les moins sages, ceux qui sont le plus indulgents pour eux-mêmes, qui cèdent le plus facilement à l'entraînement du mal, n'ignorent pas cependant ce qui est bon pour leurs enfants, et jugent qu'il est de leur propre intérêt, et surtout de l'intérêt de ces êtres qu'ils chérissent, qu'ils soient plus sages qu'ils ne le sont souvent eux-mêmes, qu'ils prennent sur leurs passions plus d'empire qu'ils n'en ont quelquefois eux-mêmes. Il faut donc qu'ils aient recours à quelque remède puissant, car ils trouvent dans leurs enfants ces mêmes dispositions que nous voyons dans la nature humaine à tous les âges.

Ceux d'entre eux qui sont les plus éclairés, les plus prudents usent d'abord des moyens de douceur; ils font valoir plus tard l'autorité de la raison, lorsque l'enfant leur paraît capable de comprendre. Mais ce moyen ne leur réussit pas toujours; les inclinations qui portent l'enfant au mal sont souvent plus fortes; et alors, plutôt que de laisser prendre à son fils de fâcheuses habitudes, plutôt que de l'exposer aux suites de penchants funestes, le père se résout à avoir recours à la punition. On pense bien que nous ne parlons point ici de ces parents emportés, qui oublient dans leur colère les plus doux sentiments de la nature, qui se vengent plutôt des embarras que leur donnent leurs enfants, qu'ils ne les punissent dans leur intérêt à venir. De semblables parents mériteraient qu'une loi prévoyante leur ôtât leurs enfants, et lorsque nous cherchons dans la sollicitude d'un père de famille un exemple qui fasse mieux comprendre la bonté de Dieu dans sa conduite envers nous, ce n'est pas d'eux sans doute que nous voulons parler.

Nous voyons donc que le père de famille digne de ce nom a souvent recours à la punition, pour assurer à ses enfants un avenir de probité, de vertu et de bonheur, d'un bonheur sans doute mêlé de quelque amertume, mais enfin du seul bonheur que nous puissions espérer ici-bas. C'est à regret que ce père de famille inflige à son enfant une punition douloureuse, mais méritée; il ne le fait que parce qu'il ne balance pas à préférer le bonheur à venir de son fils à un plaisir passager dont les suites seraient malheureuses.

Cette conduite du père à l'égard de ses enfants explique celle de Dieu envers nous. La différence, c'est que le père n'a en vue que cette vie, la seule vie dont il ait l'expérience et dont il puisse juger; tandis que Dieu voit jusque dans la vie à venir, dans celle que nous sommes appelés à accomplir après la mort, les suites de nos défauts et de nos vices; et comme sa miséricorde et son amour pour nous veulent que nous parvenions à cette vie, que nous y parvenions avec tous les mérites et toutes les conditions nécessaires pour y être heureux, il nous soumet dès celle-ci à des épreuves calculées par lui pour réussir à corriger nos mauvais penchants et nos vices. Malheur à celui qui ne sait pas profiter de ces épreuves! Malheur à celui qui murmure contre ces actes de la miséricorde divine, qui ont pour but de l'éprouver, de le perfectionner ici-bas pour le récompenser ailleurs !

Voulons-nous avoir la preuve, non-seulement que nous devons avant tout désirer notre perfection morale, mais encore qu'il y a en nous un sentiment qui nous avertit que notre grandeur morale est préférable à tout, sentiment que nous n'écoutons pas toujours avec l'attention qu'il mérite, et qui trop souvent, par suite de notre négligence, finit par rester muet pour nous, sentiment néanmoins qui est réel ; la voici :

Lorsqu'à la suite d'une longue maladie, ou d'une cruelle opération , nous pouvons nous rendre la justice que nous avons supporté la douleur avec courage ; lorsque, assaillis par le malheur et la pauvreté, nous avons trouvé en nous le dévouement et la persévérance nécessaires pour subvenir aux besoins de notre famille et aux nôtres, et la faire échapper à la misère qui la menaçait ; lorsqu'à la vue du malheur d'autrui, nous avons su nous oublier nous-mêmes pour défendre, souvent au détriment des nôtres , des intérêts qui nous étaient étrangers ; lorsqu'enfin nous avons fait à notre famille, à nos amis, à notre pays, à notre devoir l'entier sacrifice de notre être, nous éprouvons une joie secrète, une joie plus grande que toutes celles que nous pourrions éprouver par d'autres causes ; cette joie tient à la conscience que nous avons dans ce moment-là de notre grandeur morale. Ce sentiment qui nous élève au-dessus de nous-mêmes, est comme l'annonce de la grandeur qui nous est réservée dans une autre vie, où les distinctions fondées sur la fortune, sur la beauté, sur le talent, etc., distinctions auxquelles nous ne pouvons pas nous soustraire ici-bas, n'auront plus lieu.

Par la même raison, lorsque nous voyons une pauvre mère trouver dans son courage, malgré sa pauvreté, les ressources nécessaires pour soigner ses enfants, pour subvenir à leurs besoins indispensables, les tenir propres, ne leur donner que de bons exemples, et élever honorablement sa famille au milieu de difficultés sans cesse renaissantes ; lorsque nous voyons un homme souffrant, malade, lutter avec énergie contre la douleur, oublier sa faiblesse, et travailler sans relâche pour que le pain, un toit, des vêtements, ne manquent pas à sa famille ; nous sommes frappés d'admiration, et tout en nous montrant sensibles à ces malheurs, nous sommes prêts de remercier la Providence d'avoir mis sous nos yeux des exemples de vertu, qui nous donnent une si haute idée de la grandeur morale de l'homme, et des destinées qu'elle lui réserve.

Interrogeons-nous donc sincèrement, et nous verrons que, quel que soit notre attrait involontaire et bien naturel pour le plaisir, ce que nous estimons, ce que nous respectons le plus, ce que nous accueillons avec enthousiasme, c'est l'effort de la vertu et du dévouement aux prises avec la douleur et la pauvreté.

Concluons donc que, pour nous corriger de nos défauts, et pour donner l'essor au bien qui se cache sous les imperfections de notre nature, nous avons besoin d'épreuves ; que Dieu seul sait quel genre d'épreuves est utile à chacun de nous, et que sa miséricorde et sa sagesse nous les appliquent pour que nous travaillions par-là à notre perfectionnement moral et à notre bonheur futur.

§ 4. — *La Résignation, conséquence de notre confiance en Dieu, nous fournit encore les moyens les plus sûrs d'améliorer notre situation morale et physique.*

Il suit de tout ceci que notre vie est en grande partie réglée par la Providence, et que nous ne pouvons nous soustraire à l'effet de sa volonté sur nous. La soumission à son sort, accompagnée de confiance en Dieu, est donc pour l'homme la première de toutes les nécessités, s'il veut en corriger les difficultés ou en adoucir l'amertume. S'il y a dans notre vie des choses qui dépendent de nous, telles que l'amour du travail, l'observation du devoir, le courage dans l'adversité, il y en a bien d'autres sur lesquelles nous n'avons aucune puissance. Ainsi, nous ne pouvons choisir ni le lieu de notre naissance, ni la classe à laquelle appartiennent nos parents ; il n'a pas dépendu de nous qu'ils aient ou qu'ils n'aient pas de fortune ; l'adresse de la main, la force du corps, la santé, les facultés de l'intelligence nous sont inégalement accordées, sans que nous puissions exercer sur ce partage la moindre influence. Il ne nous reste donc qu'à faire, à l'aide de notre volonté et d'efforts qui dépendent de nous, le meilleur usage possible de celles que nous avons reçues. Il est bien facile de voir que c'est là le meilleur, le seul parti qu'un homme prudent doive prendre. Attendre des bouleversements de la société le soulagement à son infortune, c'est implorer, pour guérir le mal, des circonstances qui, dans tous les temps, l'ont aggravé.

Soyons donc résignés et confiants, mais entendons-nous bien sur le sens de ce mot *résignation*, afin que la résignation que nous pratiquerons soit une résignation honorable, et porte d'utiles fruits pour nous et pour nos familles.

Il y a une résignation funeste, à laquelle donnent le plus souvent naissance la paresse et le vice, une résignation qui ne mérite pas ce nom ; c'est la résignation de ces hommes qui disent : « Je suis malheureux, mais c'est ma destinée ; j'aurais beau faire, je n'y changerais rien ; mieux vaut prendre mon mal en patience, et, chemin faisant, jouir du plaisir que je rencontrerai par hasard. » Cette idée que nous ne pouvons rien contre le sort est presque toujours le moyen employé par les hommes sans cœur pour justifier leur nonchalance et leur paresse. Aussi quel spectacle présente leur famille ?... Des enfants presque abandonnés, quelquefois sans pain, toujours sans éducation, qui, s'ils ne meurent pas de faim, ne le doivent qu'à la charité publique; et dans cet intérieur désolé, une malheureuse mère, s'exténuant de travail, sans pouvoir se créer à elle-même des ressources suffisantes, altérant, détruisant sa santé, et arrivant à une mort prématurée à travers les gémissements de sa famille et les mauvais traitements d'un mari souvent injuste pour elle jusqu'à la cruauté, mourant enfin avec le désespoir de laisser des enfants dans les angoisses d'une misère à laquelle elle n'aperçoit pas de remède.

Une pareille résignation n'est pas de la résignation; elle ne doit pas usurper un nom qui est celui d'une vertu; c'est, au contraire, de la paresse, c'est de l'égoïsme, c'est l'oubli des devoirs les plus saints; elle ne saurait traîner après elle que la dégradation de l'homme, la honte et la mendicité; l'homme laborieux ne doit rien avoir plus en horreur que ce découragement inspiré par le vice et par la fainéantise.

Mais il y a une autre résignation, résignation pleine de confiance et de courage, par laquelle l'homme sent de plus en plus sa dignité, à quelque classe de la société qu'il appartienne, par laquelle il arrive, quelquefois il est vrai après bien des efforts, mais par laquelle il arrive certainement à améliorer son sort et celui de sa famille. Il nous semble que l'homme qui pratique cette résignation raisonne de la manière suivante :

« Dieu m'a placé sur la terre, en me donnant une volonté intelligente, et la force physique nécessaire pour mettre en pratique les résolutions de cette volonté. Je ne doute pas de son amour pour moi; aussi, je crois avec une ferme confiance que, me connaissant mieux que je ne me connais moi-même, il m'a placé dans les circonstances les meilleures pour que je travaille utilement à mon perfectionnement moral, et à celui de tous ceux qui m'intéressent. Je crois encore que, si j'obéis avec courage à sa volonté ainsi reconnue, il ne permettra pas que je manque du nécessaire, ni moi, ni la famille qu'il m'a donnée. Si je dois passer par des moments difficiles, par de pénibles épreuves, je suis résolu à l'avance à y opposer un courage qui, avec son secours, ne me manquera pas, j'espère, et je compte alors que c'est moi qui remporterai la victoire sur le sort, et non le sort qui la remportera sur moi. S'il y a des riches, qui sont sans doute en apparence plus heureux que moi, je n'envie pas leur sort, parce que je suis persuadé que la richesse n'est pas plus que la pauvreté, un signe de faveur particulière de la part de Dieu. Les riches sont riches, non pas que Dieu ait voulu les favoriser, mais pour remplir les devoirs qui sont imposés à la richesse; les pauvres sont pauvres, non pas que Dieu les aime moins que les riches, non pas qu'il ait voulu les affliger sans raison, mais parce qu'il les appelle à remplir d'autres devoirs qui sont les conséquences de leur pauvreté. Le riche doit donner au monde l'exemple de la modestie, de la bonté, de la générosité, du dévouement, etc., le pauvre doit lui donner celui du courage, de la résignation, de la confiance en Dieu, etc. Ce sont là les plus importants de tous les rapports que la Providence entretient entre les hommes, parce que ces rapports tendent non seulement au soulagement de toutes leurs misères, mais plus encore à leur perfectionnement moral? Si le riche a les ressources nécessaires pour aider le pauvre, celui-ci, par son exemple, n'a-t-il pas à lui faire connaître des vertus que ses richesses l'exposent à ne pas éprouver le besoin de pratiquer, mais qu'il est pour lui d'un bonheur inappréciable de pouvoir connaître, admirer et récompenser? Si l'homme riche est dans ce cas une sorte de Providence donnée au pauvre, le pauvre n'est-il pas à son tour un exemple que Dieu lui donne dans sa miséricorde? n'est-il pas pour lui un avertissement de ne pas s'enorgueillir dans la prospérité? n'est-il pas un objet destiné à développer en lui des sentiments, auxquels sans cela il ne penserait pas? Nous avons donc ainsi, riches et pauvres, chacun un devoir à remplir, devoirs opposés souvent, mais tels que Dieu a jugé bon de nous les prescrire. Si l'accomplissement de ces devoirs exige que nous soyons nés dans la richesse, dans la médiocrité ou dans la pauvreté, Dieu seul le sait, et il nous appelle quand et où il lui plaît à les remplir. C'est à nous d'accepter avec joie la mission qu'il nous confie ; la récompense ne nous manquera pas. »

Mais cette résignation que nous conseillons, n'est pas seulement le meilleur moyen à employer pour nous rendre dignes de l'amour de Dieu et des récompenses qu'il nous réserve ; c'est encore le meilleur parti à prendre, à ne considérer que notre avantage dans ce monde ; à ne voir que les ressources qu'une résignation courageuse nous fait infailliblement trouver, pour soutenir notre famille, pour subvenir à ses besoins et aux nôtres.

Nous avons dit que nous voulions parler ici, non du découragement qui fait que l'on accepte avec une sorte d'apathie les malheurs qui assaillent notre faiblesse, mais d'une résignation courageuse, accompagnée de travail, de volonté, d'actes conformes au devoir, d'une résignation en un mot digne d'un homme. Nous allons montrer que cette vertu ne se borne pas à élever l'ame, mais qu'elle produit encore des fruits actuels, de nature à être recueillis dès cette vie.

Quest-ce qui empêche le plus souvent un homme de réussir ? c'est le défaut de constance. Inconstance d'abord dans le choix et l'apprentissage de l'état ou du métier auquel il se destine ; inconstance plus tard dans la manière dont il l'exerce. Sans doute les circonstances entrent parfois pour quelque chose dans ces incertitudes ; mais le plus souvent c'est à nos défauts qu'il est juste de nous en prendre : c'est le manque de courage qui nous fait reculer devant les premières difficultés, c'est un orgueil mal entendu qui nous fait dédaigner plus tard une profession que la prudence nous a conseillé d'embrasser, c'est l'attrait du plaisir auquel nous cédons par faiblesse, qui nous détourne du travail nécessaire pour apprendre, ou nous inspire du dégoût pour l'état que nous savons, état qui seul peut nous procurer le salaire indispensable à nos besoins et à ceux de notre famille.

Supposons au contraire que nous ayons cette confiance, cette résignation courageuse dont nous avons parlé, et que nous ne saurions trop recommander, nous n'hésiterons point à embrasser l'état que les circonstances nous présenteront comme le meilleur à choisir pour nous, et par conséquent, comme nous étant indiqué par la Providence. Une fois choisi, nous n'irons pas l'abandonner à la première difficulté, au premier obstacle, car nous nous dirons : « l'obstacle que la Providence me « présente a pour objet d'éprouver mon courage, « de l'accroître par l'exercice, de multiplier mes « forces et non de me persuader d'abandonner lâ- « chement une entreprise commencée ; travaillons « donc sans relâche, les difficultés s'aplaniront, « les obstacles seront vaincus, et un jour nous se- « rons récompensés de notre persévérance, en « nous trouvant possesseurs d'un état qui sera dés- « ormais une propriété que rien ne pourra nous « enlever. »

Voilà à quoi sert la résignation pour apprendre un état ; mais combien ne sert - elle pas encore dans tout le reste de la vie pour l'exercer, et en tirer les avantages légitimes en vue desquels on l'a appris !

Si l'apprentissage a demandé du courage et de la résignation, la vie tout entière en demande plus encore, car elle est bien plus longue, et compli-

quée de bien autres besoins et de bien autres devoirs. On devient père de famille, on a quelquefois de vieux parents à assister ; les maladies, le
chômage viennent augmenter les dépenses, dimi-
nuer les recettes, et c'est alors qu'il faut que
l'homme trouve dans sa propre énergie le moyen
de ne pas se désespérer dans une situation, douloureuse il est vrai, mais qui heureusement n'est le
plus souvent que passagère. Si, dans ces tristes
circonstances, l'homme est résigné de cette résignation toujours accompagnée d'espérance et
de courage ; il ne se jettera point au hasard de
toutes les idées folles ou coupables qui le condui-
raient bien vite à sa perte ; il cherchera sans relâche autour de lui, dans la ligne que la Providence lui a tracée; il ne se laissera point abattre
par le non succès, il recommencera de nouveau
quand il n'aura point réussi, et il peut être sûr que
les appuis ne lui manqueront pas, et que le mal
aura un terme, qu'il sortira de l'épreuve plus fort
et plus content de lui-même.

Si au contraire, comme il n'arrive que trop souvent, il murmure dans son malheur, s'il s'irrite
contre le sort plutôt que de lutter contre lui, s'il
prend le travail en dégoût, la vie en haine, si l'espérance s'échappe de son cœur, il ne fera plus
aucun effort, le mal grandira, les occasions favo-
rables de le combattre auront échappé, il devien-
dra sans remède, une famille tout entière se verra
réduite à la misère parce que celui qui aurait dû
être son soutien aura reculé devant son devoir dès
les premières difficultés.

Telles sont les suites de la résignation courageuse à la volonté de la Providence, telles sont celles du désespoir; qui balancerait dans le choix à faire de l'une ou de l'autre? La résignation courageuse ôte au mal tout ce qu'elle peut lui ôter, le désespoir l'aggrave; la résignation inspire la prudence qui épargne dans les temps de prospérité pour adoucir les mauvais jours, le désespoir est souvent la suite de l'imprévoyance; avec la résignation, l'homme est toujours à la veille de se relever de sa chûte, le lendemain peut toujours lui apporter le travail auquel il aspire, et avec lui les ressources dont il a besoin; avec le désespoir et la lâcheté il n'y a pas de lendemain, ou plutôt le jour est plus cruel que la veille, et prépare un lendemain plus cruel encore, jusqu'à l'anéantissement complet des ressources, jusqu'à la misère, la mendicité, la maladie, la mort.

Il n'est personne qui, en entrant dans la vie, ne doive s'attendre à avoir son jour d'épreuve, la maladie pour les uns, la pauvreté pour les autres, le danger pour un grand nombre embrassent à peu près tous les cas possibles de la destinée humaine. La maladie a conduit l'un à la porte du tombeau, il n'en a pas moins parcouru plus tard une longue carrière; la guerre a vingt fois dévoué le soldat au feu de l'ennemi, il n'a échappé au danger que par bonheur, ou par un de ces actes d'énergie qu'inspire le besoin de la défense personnelle, et que la Providence fait réussir; il n'en a pas moins terminé sa vie bien tard et dans une glorieuse vieillesse. Il en est de même de l'ouvrier, du travailleur : il a eu de cruels moments à passer, il a souffert d'horribles angoisses ; il y a eu des jours où tout lui a semblé perdu, où il a cru qu'il n'y avait plus de lendemain pour lui ; mais il n'a pas désespéré, il a fait face avec courage aux cruelles circonstances qui l'ont assailli ; le jour de la prospérité est revenu, et il a pu jouir encore, pendant les années qu'il a vécu, d'une sécurité dont il avait droit d'être d'autant plus fier que son courage la lui avait méritée.

Ne cessons donc jamais d'espérer dans la Providence ; résignés à sa volonté, et pleins de confiance dans son amour pour nous, n'oublions jamais les mots par lesquels nous avons commencé ces réflexions : *Confiance en Dieu et courage.*

Ouvrages du même Auteur :

Le Rationalisme chrétien à la fin du XI.ᵉ siècle, ou *Monologium* et *Proslogium* de saint Anselme de Cantorbéry sur l'Essence divine; traduits et précédés d'une introduction, par H. BOUCHITTÉ, etc..... chez Amyot, libraire, rue de la Paix, n.ᵒ 6, Paris.

Ouvrage couronné par l'Académie française.

Histoire des Preuves de l'existence de Dieu, insérée dans les Mémoires de l'Académie des sciences morales et politiques. — Savants étrangers, t. I.ᵉʳ.

De la Notion de Dieu dans ses rapports avec l'imagination et la sensibilité, id., ibid., t. II.

De la Persistance de la personnalité après la mort, id., ibid., t. II.

Versailles. — Imp. de MONTALANT BOUGLEUX.

www.ingramcontent.com/pod-product-compliance
Lightning Source LLC
Chambersburg PA
CBHW061144050726
47594CB00005B/2302